OPINIONS FÉMINISTES

A PROPOS DU CONGRÈS FÉMINISTE DE PARIS DE 1896

PAR

CLOTILDE DISSARD

Membre de la Société de Sociologie de Paris.
Directrice de la *Revue Féministe*

———

Extrait de la *Revue Internationale de Sociologie*,
4° année, N° 7. — Juillet 1896.

PARIS

V. GIARD & E. BRIÈRE

LIBRAIRES-ÉDITEURS

16, RUE SOUFFLOT, 16

1896

Le Congrès féministe de Paris en 1896.

Si j'ai accepté la tâche d'exposer à des sociologues les idées intéressantes pour eux qui ont été émises au Congrès féministe, c'est dans l'espoir de dégager de toutes les théories contradictoires que l'on a pu y entendre ce qu'il y a de logique, de scientifique, de pratiquement réalisable dans les desiderata féminins.

Un Congrès, pour aboutir à des conclusions nettes, pour ne pas être un simple incident dans la marche en avant, et — ajouterai-je — pour ne pas entraver cette progression, doit être de toute nécessité préparé de longue main. Il n'en fut rien pour celui qui vient d'avoir lieu.

Organisé hâtivement, manquant des éléments nécessaires malgré les adhésions nombreuses qu'il a recueillies, il ne pouvait raisonnablement ambitionner un succès autre que celui qu'il a obtenu : une grande publicité. C'est ce qu'ont très bien compris toutes celles qui croient que le travail de cabinet, que les réformes modestes, lentement mais sûrement poursuivies et réalisées, font plus pour l'émancipation de la femme que des manifestations bruyantes devant un public ironiquement sympathique.

J'ai divisé ce compte-rendu en six parties. J'étudie successivement :

1° Le mouvement féministe ;
2° Le mariage et la famille ;
3° Le travail de la femme :
4° La prostitution ;
5° L'éducation ;
6° Les droits politiques.

Le mouvement féministe. — L'infériorité de la France au point de vue féministe tient à deux causes : aux tendances franchement révolutionnaires de certains de ses partisans et à l'indifférence — pour ne pas dire à l'hostilité — de la bourgeoisie catholique. Cependant un groupe, le *féminisme chrétien*, s'est donné pour tâche de faire pénétrer dans cette classe les idées d'amélioration de la condition sociale de la femme.

La bourgeoisie libérale serait plutôt favorable, mais elle redoute le ridicule que, trop souvent hélas, s'attirent les émancipatrices. Cependant les noms de Mme Bogelot, créée chevalier de la Légion d'honneur à la suite de l'Exposition de Chicago, où elle représentait les femmes françaises, de Mme Schmahl, qui a surtout agité l'opinion en faveur de la loi Goirand, de Mme Vincent, qui poursuit avec ténacité et logique la conquête nouvelle des seuls droits que la femme possédait avnt 1789, sont universellement sympathiques.

Si l'on compare le mouvement féministe allemand ou anglo-saxon au féminisme français, on observe quelques différences faciles à noter. Au Congrès, la communication de Mlle Kaethe Schirmacher nous a renseignés sur les tendances du féminisme allemand, celle de Mlle Maikki Friberg sur le féminisme finlandais. L'Allemagne et la Finlande semblent plus préoccupées de l'éducation de la femme ; l'Angleterre de son émancipation économique ; en France, on poursuit plutôt un rêve d'égalité des droits entre les deux sexes.

En Allemagne, des femmes de la bourgeoisie ont cependant compris que le féminisme devait se faire par leur union avec les femmes du quatrième État. Le Congrès féministe, très nettement socialiste, est-il l'indication d'un mouvement de même nature ? Je ne crois pas, car nos bourgeoises-socialistes ont cherché dans le quatrième État un appui sans vouloir le moins du monde diriger son évolution. La tâche à accomplir reste très nette : il faut que les féministes pratiques aillent vers l'ouvrière pour faire son éducation plus particulièrement au point de vue de la prévoyance, de la mutualité, de l'épargne et de la coopération.

Famille et mariage. — La question du mariage et de la famille, c'est tout d'abord la question des droits civils de la femme.

La loi Goirand, que la Chambre vient de voter grâce surtout à l'active propagande de Mme Schmahl, la loi Goirand pour le Parlement, la loi Schmahl pour les féministes, assurant à la femme la libre disposition de son salaire, est cependant bien insuffisante, mais c'est le premier jalon. Sans doute la femme peut disposer de son gain, c'est-à-dire en user pour elle-même ou pour la communauté. Cependant, si elle se procure des meubles, je suppose, ces meubles ne seront plus sa propriété, mais celle de la communauté, c'est-à-dire celle du mari. La loi Goirand fera plus encore ressortir l'injustice de notre régime matrimonial.

Un avocat hollandais, M. Israëls, a pu exposer une longue et intéressante étude sur la nationalité de la femme mariée ; il souhaite que la femme, en se mariant, ne devienne pas de droit de la nationalité de son mari, mais qu'elle garde la liberté de choisir. M. Robin intervient et déclare que la question se simplifie si l'on admet *l'inutilité du mariage.....?*

Les lois diverses qui régissent suivant les pays la nationalité de la femme mariée sont très souvent contradictoires ; aussi M. Gerbaut pense qu'il y aurait à réaliser à ce point de vue une législation internationale unique.

Pourquoi M. Gerbaut veut-il que la femme ne puisse obtenir la naturalisation qu'à la demande conjointe des deux époux ? Il me semble que, sur cette question, il faut laisser à la femme une très grande liberté ; elle doit pouvoir, à son gré, garder sa nationalité ou prendre celle de son mari.

Relativement au divorce, le Congrès, sur la proposition de Mme Coutant, émet le vœu que le consentement réciproque des époux soit suffisant pour faire prononcer le divorce. Le Congrès réclame également l'abolition de l'article du Code qui défend aux complices d'adultère de s'épouser après le divorce.

Sur la question des régimes matrimoniaux, Mme Vincent avait tout d'abord proposé que celui de la séparation de biens soit de droit commun. Puis, à cause des nombreuses objections qui lui furent faites, et des difficultés que l'on éprouverait à obtenir cette réforme en France, elle transforma son vœu et demanda seulement que l'officier d'état-civil fût tenu de faire déclarer par les époux avant le mariage sous quel régime ils entendaient vivre. M. Robin ayant fait observer que la législation française permettait très facilement le régime de la séparation de biens par contrat de mariage, Mme Vincent a ajouté que les gens du peuple ignorent généralement cette disposition de la loi.

Il me semble que la question n'a pas été nettement posée. Ce n'est pas parce qu'ils l'ignorent que les gens du peuple n'en usent pas ; c'est parce qu'ils sont ordinairement trop pauvres et ne font pas de contrat ; ainsi ils se trouvent mariés sous le régime de la communauté qui, en France, est de droit commun. Le régime anglais de la séparation de biens aura probablement quelque peine à se faire accepter chez nous, et peut-être vaudrait-il mieux améliorer dans un sens plus libéral, plus conforme à la dignité de la femme, notre régime de la communauté. La loi Goirand n'aura un effet vraiment utile que le jour où celle-ci aura également la libre disposition de sa part personnelle dans les biens de la communauté.

Faut-il admettre avec Mme Pognon qu'aucun des conjoints ne puisse aliéner les biens de la communauté sans l'autorisation de l'autre? Ce serait probablement compliquer par trop les relations d'échange et créer pour l'homme marié une infériorité manifeste vis-à-vis de l'homme isolé. Il vaudrat mieux sans doute que chaque conjoint conserve le droit d'aliéner sa cote part des biens communs.

La famille a eu au Congrès surtout des adversaires. On a prêché l'inutilité du mariage, la liberté de l'amour, sans donner toutefois d'autres bases à ces théories que celle de l'imperfection de nos institutions familiales. M. Paul Adam (1) a précisé cette thèse en montrant que « le mariage est la survivance du rapt, lorsque les femmes, à cause de leur faiblesse physique, demeuraient esclaves, et comme les bêtes du troupeau, devenaient la proie du pillard heureux, affirmant son droit sur elle, l'arme à la main ». M. Westermarck (2) a fort bien montré, non seulement la réalité de cette forme primitive, mais encore le passage du mariage par capture au mariage par achat et de ce dernier à la dot, qui est le déclin du mariage par achat. Que sera le mariage dans l'avenir? M. Westermarck va nous le dire. La polygynie, surtout pratiquée par les puissants, est une violation des sentiments de la femme, la monogamie coïncide avec un *status* supérieur de celle-ci; aussi dans ses formes supérieures, la civilisation conduit-elle à la monogamie. « La monogamie sera-t-elle dans l'avenir la seule forme reconnue du mariage? On a répondu à cette question de différentes manières. Selon H. Spencer, « la forme monogamique de la relation sexuelle est manifestement la forme ultime, et tout changement probable doit être dans la direction de son accomplissement et de son extension. » Le D^r Le Bon, d'autre part, pense que les lois européennes légaliseront à l'avenir la polygynie et M. Letourneau fait remarquer que, bien que nous puissions regarder la monogamie comme une forme de mariage supérieure à tout ce que nous connaissons, « nous ne sommes pas obligés de la croire l'Ultima Thulé, dans l'évolution des cérémonies conjugales. Mais nous pouvons affirmer sans hésitation que si l'humanité continue à avancer dans la même direction qu'elle a suivie jusqu'ici, si, par conséquent, les causes auxquelles la monogamie chez les sociétés les plus progressistes doit son origine continuent à agir avec une force croissant constamment, si surtout l'altruisme augmente, et que le sentiment

---

(1) *Revue Blanche*, 1er mai 1896, p. 390.
(2) Westermarck, *de l'origine du mariage dans l'espèce humaine*. Guillaumin, Paris, 1895.

de l'amour s'affine et devienne de plus en plus exclusif, les lois de la monogamie ne peuvent jamais changer, mais devront être suivies beaucoup plus strictement qu'elles ne le sont maintenant. »

L'erreur est de croire que la véritable unité sociale est l'individu ; en réalité, c'est le couple humain. L'individu isolé est un être imparfait, puisqu'il ne peut remplir aussi facilement sa principale fonction, qui est d'enfanter la société de demain. Le mariage monogamique est la forme la plus parfaite parce qu'elle permet l'accomplissement le plus facile de cette mission. L'idéal à poursuivre c'est l'organisation plus achevée de la famille, la coopération plus harmonieuse de l'homme et de la femme à l'œuvre commune, la division des fonctions suivant les aptitudes de chaque sexe, naturelles ou acquises par l'éducation.

Les théories socialistes sont, en général, hostiles à la famille, le comte de Gasparin (1) l'avait déjà signalé ; par le socialisme la famille est détruite et l'individu absorbé au profit de l'État. La liberté de l'amour, l'inutilité du mariage, c'est l'impossibilité de la famille ; il en est de même lorsqu'on proclame que le mariage n'est qu'une association entre deux êtres en vue de leur bonheur personnel seulement, que, par conséquent, ils peuvent le rompre dès qu'ils en ont assez ; en perdant de vue que la raison d'être de la famille, la seule, c'est la procréation et l'éducation de l'enfant, on amène fatalement sa ruine. N'est-ce pas cela qu'on demandait en voulant que le divorce put être prononcé par simple consentement mutuel ? Et les enfants ? Les enfants !... mais l'État n'est-il pas là ! L'État, mot qui répond à tout, donne tout, prouve tout ! Malheureusement, lorsqu'on est obligé de faire appel à son aide, on n'a pas à s'en féliciter, on devrait s'en souvenir.

C'est encore par cet appel constant à la société, à la collectivité, qu'on désorganiserait la famille. Quelle autorité morale les parents auraient-ils vis-à-vis de leurs enfants, lorsque ces derniers se verraient questionner par des étrangers, sur la moralité de leur famille ? Et n'est-ce pas à cela qu'aboutirait la création de commissions chargées de surveiller les enfants afin qu'ils reçoivent une éducation intégrale, tant intellectuelle que morale ? Qu'on les arrache d'une famille malsaine, rien de mieux ; mais pour quelques exceptions on n'a pas le droit d'ériger la surveillance en système.

C'est encore à dissoudre la famille qu'on arriverait en demandant à l'État d'assurer à tout enfant dès sa naissance les moyens d'acquérir

---

(1) *L'ennemi de la famille*. Paris, Lévy. 1878, 5e édit.

une éducation et une instruction complète; donner des devoirs à la société, c'est aussi lui donner des droits... et elle en userait.

Le travail de la femme. — L'activité féminine doit-elle se borner aux soins du ménage, à l'éducation des enfants ou tout au moins à un travail plus lucratif qu'elle peut faire sans quitter son foyer? C'est là le rêve caressé par plusieurs; cependant, sur ce point particulier, sociologues et féministes sont loin de s'entendre. Auguste Comte établit que le mari doit nourrir sa femme; le Code parle très exactement dans le même sens. Mais si le mari n'a pas de travail ou si la femme n'a pas de mari..? M. Keüfer, qui a défendu au Congrès la thèse positiviste, pense que l'homme devrait avoir un salaire suffisant pour faire vivre sa famille afin que la femme ne soit plus obligée de travailler. « Avec le système contraire, dit-il, on doit aboutir à la désorganisation complète de la famille. Puis les différences biologiques entre les deux sexes feront que la femme sera infailliblement écrasée dans la concurrence industrielle. Elle doit donc rester au foyer, sa véritable place. Quant aux jeunes filles et aux veuves, l'État devrait s'en charger. »

Je sais bien que le positivisme, en échange de cette subordination de la femme, lui donne cette fonction sociale supérieure de conseillère et d'inspiratrice qu'Auguste Comte s'est plu à célébrer dans *Clotilde de Vaux*. Mais la femme devra-t-elle oublier qu'elle a des muscles, sans doute moins puissants que ceux de l'homme, et, pour cette raison, avoir sa part de travail dans l'œuvre humaine; ne doit-elle pas conserver dans son intégrité l'organisme qu'elle léguera par l'enfant à l'humanité de demain?

Quant au travail à domicile, ce *sweating system* que M. Grotteau, collectiviste, préconise comme remède, il suffit de demander à nos couturières parisiennes, qui le connaissent trop bien, s'il n'est pas la plus merveilleuse forme pour permettre l'exploitation éhontée et sans risque de la femme. Le travail se présente donc à la femme comme une nécessité, puisque c'est le plus souvent le seul moyen honnête qui lui permette de se soustraire à la misère. Il a des inconvénients fort graves qu'il s'agit maintenant d'examiner. Autrefois, dans les manses des seigneurs et des abbayes (1), les femmes qui devaient une redevance en nature, travaillaient enfermées dans des appartements qui prirent le nom de gynécée; les serves étaient fileuses, tisseuses, tein-

---

(1) Levasseur. *Histoire des classes ouvrières en France depuis Jules César jusqu'à la Révolution*, livre II, chapitre II.

turières, blanchisseuses ou couturières. Ces gynécées étaient trop souvent pour la femme des écoles de démoralisation, à ce point de vue les ateliers modernes leur ressemblent beaucoup. L'industrialisme moderne, en plus de ces risques moraux, a créé des conditions de travail très souvent insalubres et parfois très dangereuses. Faut-il permettre à la femme de s'exposer à ces dangers? Ne faut-il pas tout au moins lui interdire un travail trop prolongé et plus particulièrement le travail de nuit? C'est ce qu'ont pensé les législateurs de tous les pays. Il me semble même que l'on n'est pas allé encore assez loin dans les législations de protection, et Mme Vincent, qui a plus particulièrement étudié au Congrès les dangers que présentent pour les femmes certaines professions, demande pour ces cas particuliers une protection plus rigoureuse. Elle voudrait que l'industrie du phosphore ou la typographie fussent interdites aux femmes; on sait quels sérieux dangers présentent les premiers emplois, tandis que les seconds, où la femme doit se tenir debout, ont également de nombreux inconvénients. Mme Vincent voudrait aussi que l'on puisse limiter la durée du travail à six heures et que le travail de nuit fût interdit.

Il est donc nécessaire d'interdire à la femme certaines professions; mais n'est-ce, pas à cause même de la protection dont elle est l'objet, la consécration de son infériorité dans la lutte économique? L'employeur, à cause de la réglementation, ne voudra point lui donner du travail, ou ne lui en donnera qu'à cause du salaire dérisoire qu'elle sera obligée d'accepter. Il faudrait accorder à l'ouvrière certaines compensations. Puisqu'on lui interdit certains métiers, pourquoi ne pas lui en réserver certains autres? Semble-t-il juste, par exemple, que les employés des grands magasins se divisent en 1/3 de femmes pour 2/3 d'hommes? On ne m'objectera pas que la profession de vendeuse ne convient pas à la femme, elle n'exige qu'une force relative; la demoiselle de magasin peut faire usage de toutes ses qualités naturelles, de cet esprit de prévoyance, d'ordre, d'insinuation et de grâce qui est propre à la femme. Ce n'est pas à la loi, d'ailleurs, qu'il faut demander cette réforme, on doit et on ne peut l'obtenir que par les mœurs. Il faudrait, parmi les femmes du monde, un mouvement d'opinion pour que, dans les grands magasins, soient réservés aux femmes les emplois qui peuvent leur convenir. On obtiendrait ainsi une division du travail entre les sexes plus harmonieuse, plus conforme à leur nature et par suite plus définitive. N'est-ce pas là, après tout, la solution la plus immédiate de certains problèmes sociaux? La concurrence entre les sexes disparaît. Cette injustice, non pas de l'inégalité des salaires, mais de l'inégalité de valeur d'un même travail fait par un homme et une femme disparaît également. Ce sont les conclusions que j'indiquais comme résultat d'une enquête sur les demoiselles de magasins (1).

Le Dr Pioger a parlé des inconvénients et des dangers physiologiques qui menacent l'ouvrière ; elle se fatigue et s'anémie beaucoup plus rapidement que l'homme. Quelles auraient été les conclusions de l'orateur? Pour ou contre le travail de la femme? Nous l'ignorons. Il aurait, en tout cas, étayé ses affirmations sur des raisons sérieuses, scientifiques, par cela même intéressantes... c'est probablement ce qu'a pensé le Congrès qui a refusé de l'entendre.

Mme Pognon, au nom de la Ligue du droit des femmes, demande, au contraire, que la femme travaille hors de chez elle. « On créera, dit-elle, des crèches nombreuses où leurs enfants seront toujours mieux soignés que chez elles. » C'est, on le voit, l'idéal spartiate qui reste celui de nos collectivistes modernes. La question est donc : le travail de la femme doit-il être libre ou protégé? M. Ed. Fuster (2) et moi-même avons déjà examiné les solutions que comportait cette question.

Généralement, on discute pour savoir s'il est « préférable que la femme reste à son foyer ou travaille au dehors ». La question ainsi posée est mal posée ; ce qu'il faut chercher, c'est simplement si la femme doit de par l'évolution économique faire l'un ou l'autre. Or, actuellement, en France, 1/3 au moins de la population ouvrière est féminine. Si vous les chassez de l'usine, qu'adviendra-t-il? Croyez-vous ainsi augmenter le salaire des ouvriers? En diminuant le nombre des producteurs dans le rapport de 3 à 2, le machinisme restant le même, on diminue infailliblement la production dans la même proportion ; si le nombre des consommateurs ne varie pas, c'est la ruine de l'industrie et la misère de l'ouvrier. Il ne s'agit donc pas de voir ce qui serait préférable pour la mère de famille, mais d'accepter l'évolution industrielle inévitable et de chercher dans la mesure du possible à parer à ses effets fâcheux. Il est curieux, d'ailleurs, de voir avec quels arguments on réclame la liberté absolue du travail. Mlle Émilia Mariani, qui a parlé au nom de Mme Schiff, regrette toute mesure de protection pour l'ouvrière. Elle ne se fonde pas pour cela sur des raisons d'ordre économique, mais sur une question de principe. Le Code pénal reconnaît la femme majeure,

(1) Cf. *Revue féministe*, 1896, tome II, p. 169.
(2) Cf. *Revue féministe*, 1896, tome II, p. 32.

le Code civil doit en faire autant. S ul, l'enfant a droit à la protection ; l'étendre à la femme, c'est assimiler celle-ci à l'enfant.

Mme Maria Martin parle dans le même sens. « Si le mari travaillait seul, si la femme n'apportait pas son salaire, qu'adviendrait-il en cas de maladie ou de chômage ? »

Mais il ne s'agit pas d'empêcher la femme de travailler, il s'agit de protéger celle-ci ; l'ouvrier aussi a besoin de protection, et si cette protection est égale pour les deux sexes, le travail de la femme n'en sera pas déprécié et elle n'en retirera que des avantages ; la faute de la législation, c'est de protéger un sexe sans protéger l'autre. Dans ces conditions, la baisse générale des salaires, que signale Mme Vincent partout où la femme se substitue à l'homme, ne se produira plus, et l'on n'aura pas à déplorer ce fait de la concurrence entre mari et femme sur lequel insiste — trop à notre avis pour un socialiste — M. Lavy, député.

Le Congrès a fait preuve d'un peu d'incohérence en votant des mesures contradictoires. Ainsi Mme Pognon, qui a fait accepter la liberté la plus absolue du travail, a également fait voter un vœu demandant l'établissement d'un minimum de salaire, ce qui constitue bien la mesure la plus extrême de protection que l'on puisse rêver. Pour Mme Pognon, c'est d'après le prix des subsistances que ce minimum des salaires doit être établi.

Cette manière de voir, malgré le caractère séduisant avec lequel elle se présente, est facile à réfuter. Tout d'abord, il y a impossibilité pratique. Comment veut-on fixer, dans une commune, les salaires d'après le prix des subsistances ? N'est-ce pas plutôt ce dernier qui dépend des premiers ? En tout cas, il y a là un cercle vicieux, dont on ne peut sortir. Dès que les salaires haussent, le prix des vivres monte aussi, c'est un fait. Et puis, à quelles variations subites seraient exposés les salaires ! Que, dans une commune, ils s'accroissent par suite de la cherté des aliments, et immédiatement, de toutes les contrées environnantes, les subsistances afflueront à meilleur compte et les commerçants de l'endroit seront ruinés. Comment empêchera-t-on cela ? En isolant chaque commune par des droits d'octroi formidables ? En réunissant tous les matins les commissions chargées de fixer les salaires et qui les établiraient alors pour 24 heures seulement ? Et les industriels sont-ils donc tenus de payer leurs ouvriers ce que la commune demandera ? Est-ce que cette dernière fixera aussi le prix des matières premières ? Obligera-t-elle les consommateurs du monde entier à payer les produits de ce fabricant le double, parce que chez elle les salaires ont doublé? Ce n'est pas sérieux.

Sur cette question des salaires, tous les orateurs ont été unanimes à admettre qu'à travail égal, le salaire égal s'impose. C'est ce que demandait M. Lavy et Mlle Bonnevial; cette dernière, toutefois, ne croit cette égalité possible que lorsque le travail sera organisé scientifiquement (?).

Miss de Broen a demandé le repos dominical obligatoire. Ce vœu n'a pas été voté, le congrès voulant bien le repos hebdomadaire obligatoire, mais réclamant pour l'ouvrière la liberté de choisir ce jour de repos, ce qui est bien le moyen le plus simple de rendre une mesure de ce genre impraticable, puisque l'État n'a plus, par ses inspecteurs, le moyen de contrôler l'application de la loi.

Prostitution. — La prostitution doit-elle ou non être réglementée? Toute la discussion a porté sur ce point particulier. La réglementation a été critiquée à deux points de vue : 1° parce qu'elle est la négation du droit qu'a la femme de disposer d'elle-même; 2° parce qu'elle ne répond nullement au but poursuivi de préservation sociale contre les maladies contagieuses. Mais discuter sur la réglementation ou la non réglementation de la prostitution, c'est reconnaître cette dernière — comme un mal certainement — mais comme un mal nécessaire. Aussi, Mme Griess-Traut demande-t-elle ironiquement que les prostituées soient assimilées aux autres fonctionnaires de l'État, qu'elles participent aux avantages que celui-ci assure dans leur vieillesse à tous ses serviteurs, qu'elles jouissent en un mot d'une pension de retraite.

Mme Ernesta Urban pense que la femme doit être absolument libre de se vendre si tel est son bon plaisir; il ne s'agit pas pour elle de savoir si la prostitution est bonne ou mauvaise, mais bien si la femme veut continuer à s'y livrer. Si on veut la faire disparaître, c'est indirectement qu'il faut agir, grâce à la transformation du mariage, avec égalité de devoirs des deux époux, la recherche de la paternité qui, par la responsabilité qu'elle entraînerait, diminuerait la chance de séduction. Mlle de Grandpré conteste à l'homme ce droit de réglementation. Elle est inefficace, elle l'est d'abord *a priori*, ainsi que l'a fait remarquer Mme Ernesta Urban, puisque les hommes ne sont pas soumis aux visites sanitaires et, aussi bien que les femmes, ils propagent les maladies contagieuses. Et puis, l'expérience a prouvé son inutilité complète: M. le pasteur Hirsch rappelait qu'en Angleterre, où la prostitution n'est plus réglementée, les maladies vénériennes n'étaient pas plus fréquentes qu'ailleurs; en Hollande, à la Haye, où elle l'est encore, il y a plus de cas de maladie qu'à Amsterdam où nulle réglementation n'intervient; cependant, cette ville, en sa qualité de port, est fréquentée par une population de marins de mœurs assez dissolues d'ordinaire.

Cette surveillance officielle, toujours d'après M. Hirsch, serait plutôt un mal en ce sens qu'elle amène une confiance injustifiée dans les prostituées en règle; « ceux qui s'y livrent en toute sécurité finissent par s'apercevoir que l'estampille de l'État sur les prostituées ne vaut pas mieux que celle qui existe sur les allumettes et les cigares. » C'est également l'avis de Mᵐᵉ Griess-Traut et de Mˡˡᵉ de Grandpré. Cette dernière, après sa longue fréquentation des malheureuses qu'on envoie à Saint-Lazare, est particulièrement compétente. Celles qui sont soignées à l'infirmerie de la prison sont seulement « blanchies », suivant la pittoresque expression de leur médecin, mais bien rarement guéries. Ce n'est pas l'État qui peut tuer la prostitution, ajoute-t-elle; c'est à l'initiative privée qu'en reviendra l'honneur. « Il faut faire faire faillite aux maisons de tolérance en n'y allant plus. »

M. Robin demande également la suppression de la réglementation, non pas en se plaçant au point de vue sanitaire, mais simplement parce que toute réglementation serait mauvaise en soi.

Cette question de la prostitution, plus particulièrement de la réglementation, a été très agitée dans ces derniers temps. Déjà, au Congrès de 1889, Maria Deraismes en avait parlé longuement. Elle pensait que la prostitutution ne doit pas être considérée comme un mal nécessaire; que ceux qui soutiennent cette thèse, en affirmant que les besoins génésiques sont plus impérieux chez l'homme que chez la femme, se basent sur des théories physiologiques vieillies et encore indémontrées, « réminiscences d'antiques traditions cosmogoniques et théogoniques ».

S'il en était réellement ainsi, ajoutait-elle, l'espèce humaine constituerait à ce point de vue une exception dans l'ordre naturel. « Le monde entier des vivants nous montre, dans toutes les espèces, pendant la période génératrice, la concordance des instincts chez les individus des deux genres et leur consentement reciproque pour les satisfaire. »

La réglementation de la prostitution est la négation du principe même de la loi. Les pénalités qu'édicte cette dernière ont toujours, comme but avoué, la moralisation du condamné. « Or, le contraire arrive dans la prostitution patronnée par l'État; la délinquante est considérée comme incurable; et loin de s'efforcer à la moraliser, on l'oblige à récidiver d'office. La prostitution est une tache qu'il faut à toute force faire disparaître ; l'éducation de la volonté de l'homme sera le moyen le plus sûr, c'est à lui à ne pas chercher de relation avec la femme en dehors du mariage. »

M. Bridel (1) a récemment repris cette question, mais à un point de vue différent. Il ne pense pas non plus que la réglementation soit bonne. La Société des médecins de Berlin, la Société danoise des médecins, les médecins de Zurich, se sont nettement prononcés contre au nom de l'hygiène, c'est une chose jugée. Cela ne veut pas dire que l'État doit s'abstenir ; il a un autre rôle préservateur à jouer en combattant l'excitation à la débauche et, surtout, le proxénétisme, en fermant les maisons de tolérance.

Éducation. — Le féminisme est surtout une question d'éducation, on aurait pu désirer que l'on ne se bornât pas presque exclusivement à la co-éducation des sexes. Quelques congressistes cependant se sont placés à un point de vue plus élevé et ont examiné les règles générales qui devaient présider à l'instruction et à l'éducation de l'enfant sans distinction de sexe ; malheureusement ils ont été trop peu nombreux.

Mlle Bonnevial pense que le rôle des éducateurs doit se borner à développer d'une façon harmonieuse le cerveau de l'enfant, sans lui inculquer aucune idée générale *a priori*, afin qu'il se crée lui-même et sans secours étranger, sa propre personnalité, en dehors de tout système religieux ou philosophique. De cette façon seulement on arrivera à faire des êtres vraiment libres.

Mme Paule Mink insiste dans le même sens, avec une nuance en plus cependant ; ce n'est pas l'éducation libre qu'elle veut, mais l'éducation libertaire, la seule convenable aux yeux de tout bon socialiste.

Ainsi comprise, l'éducation ne peut plus être appelée éducation, c'est de l'instruction aussi large que l'on voudra, mais de l'instruction seulement. L'éducation est plutôt un fait d'imitation, qui s'inculque par l'exemple et non par l'enseignement théorique. Espérer élever un enfant sans que le caractère, la manière d'agir, de juger de ses maîtres déteignent sur lui, est un rêve absolument chimérique. Il faudrait pour cela qu'un professeur fût un être mécanique dénué de toute personnalité, un véritable automate appliquant des méthodes pédagogiques qu'il se garderait bien de vouloir comprendre de peur de leur donner une interprétation personnelle et d'influencer par son exemple le cerveau de ses élèves, qui doit rester absolument indemne de toute influence extérieure.

(1) *La question des mœurs et de l'État*, Genève, 1896.

A propos de la co-éducation, M$_{me}$ Vincent fait remarquer que les écoles mixtes existent en France depuis longtemps, et cela dans 14,000 communes. Qui songe à s'en plaindre?

Pourquoi voulez-vous, dit M. Léopold Lacour, que ce qui réussit parfaitement en Amérique ne puisse donner chez nous que de mauvais résultats? Aux État-Unis, la co-éducation s'étend chaque jour, et les établissements où les élèves des deux sexes reçoivent non seulement une instruction, mais encore une éducation commune, sont fort nombreux. Le plus célèbre de ces établissements est le collège de Galesburg. Comme tous les collèges américains, c'est une université, un établissement d'enseignement supérieur. Il est vieux d'un demi-siècle et compte 600 élèves des deux sexes. Constatons que la vie de ces jeunes gens est absolument exempte des abominations que le public français attache à ce mot de co-éducation. Les mœurs y sont pures, les hommes s'affinent au contact des jeunes filles, les jeunes filles ont plus de ténacité et de volonté; beaucoup de mariages se décident au collège, mais ne se concluent que le jour où le jeune homme a une position qui lui permette de subvenir aux besoins de la famille qu'il veut fonder. Ne semble-t-il pas qu'en présence de tels arguments, toutes les objections doivent cesser? Il n'en est rien.

Les adversaires de la co-éducation, par la plume, par la parole, par la haute autorité dont disposent bon nombre d'entre eux, font œuvre éminemment mauvaise, anti-progressiste. Ils effrayent le public sur les prétendus dangers, les horreurs, disent-ils, que l'on enseigne aux enfants.

Aussi félicitons vivement M. Léopold Lacour d'avoir osé défendre ces idées devant cette salle des Sociétés savantes, hostile et ironique. Il a raconté, avec cette forte et vibrante éloquence qui lui est propre, comment « il fut converti au système nouveau, en allant visiter, en sceptique presque, un établissement alors en but aux attaques acharnées et haineuses des uns, aux quolibets imbéciles des autres — de ceux qui en parlaient sans savoir de quoi il s'agissait. »

Et cependant, a-t-il ajouté, lorsque l'éducation est donnée dans les lycées et collèges, elle est épouvantable. « Nos internats actuels sont profondément immoraux; en général, le vice y règne. »

Dans la co-éducation, cet écueil est évité. « Ce qui fait l'inquiétude en matière sexuelle, dit-il, c'est l'ignorance; supprimez-la, vous supprimerez l'inquiétude. »

La co-éducation, c'est aussi l'apprentissage de la solidarité des sexes, but auquel on doit tendre, plutôt qu'à celui d'un antagonisme perpétuel.

On a voulu objecter qu'une éducation semblable pour les deux sexes donnerait deux êtres identiques : des hommes efféminés, des femmes hommasses; « c'est un enfantillage, c'est un épouvantail ». Balzac n'a-t-il pas dit : « Une femme qui a reçu une éducation masculine possède en réalité les qualités les plus brillantes, les plus fécondes pour fonder son bonheur propre et celui de son mari »? Et Labruyère de même : « Une belle femme qui a les qualités d'un honnête homme est ce qu'il y a au monde de plus délicieux; l'on trouve en elle tout le mérite des deux sexes. » Certes, l'éducation ainsi comprise laisserait peu de place à la femme frivole de nos jours. Est-ce un mal? « On voudrait, ajoutait l'orateur, que la femme restât femme, c'est-à-dire la personne dont nous ne cessons de nous plaindre. » Parole profonde ! Ce sont ceux qui déplorent le plus bruyamment la futilité du cerveau féminin qui protestent le plus haut, lorsqu'on veut tenter, par une éducation plus rationnelle, d'affermir l'esprit de la femme. Car c'est là une vérité dont on ne se pénètre pas assez, ce n'est pas à l'âge mûr que l'on change : « de l'école seulement sortira la femme nouvelle. »

Droits politiques. — L'électorat des femmes et leur éligibilité aux fonctions publiques est la question brûlante, celle qui soulève le plus d'objections et recueille le plus de sarcasmes. « Se baser sur le manque d'éducation civique de la femme pour lui refuser les droits politiques, a dit M. Cambillard, c'est oublier que les hommes qui, depuis 45 ans, usent du bulletin de vote ne l'ont pas encore acquise. »

Mais il faut distinguer des droits politiques proprement dits ceux qui présentent un caractère plus particulièrement administratif. Ils conviennent davantage aux femmes qui peuvent user dans ces fonctions de leurs qualités de prévoyance, d'ordre et d'économie. Ceci justifie leur présence, non seulement dans les conseils communaux et départementaux, mais plus spécialement dans tous les tribunaux professionnels. Des congressistes demandent l'intégralité des droits politiques; cependant la *ligue féministe italienne* a fait preuve de modération en ne réclamant que l'éligibilité et l'électorat des femmes aux conseils communaux.

Sur l'initiative de Mᵐᵉ Duclos, qui demandait « que les femmes fissent partie du jury d'expropriation lorsqu'il s'agit d'une industrie exclusivement féminine », le Congrès émit le vœu ainsi modifié, sur la proposition de Mme Pognon, « que les femmes fassent partie de tout jury d'expropriation. »

Mme Vincent toujours infatigable, au nom du comité d'extension de la prud'hommie, fait accepter les conclusions d'une remarquable étude sur : La femme et la prud'hommie (1). L'électorat et l'éligibilité doivent être accordés aux femmes pour ces conseils.

Encore sur l'initiative de Mme Vincent, le Congrès adopte le vœu que la proposition de loi sur les *Chambres* et Conseils de travail, actuellement devant le Sénat, aboutisse le plus rapidement possible (2).

En ce qui concerne les droits politiques proprement dits, ils donnèrent lieu à une intéressante discussion. Mme Hilda Sachs affirma que ces droits sont les premiers à acquérir ; cette manière de voir fut chaleureusement soutenue par M. Viardot.

Mme Vincent fit remarquer que les femmes ont jadis, en France, possédé des droits politiques. Avant la Révolution, celles assez riches nommaient en assemblée provinciale les délégués chargés d'élire les députés aux États Généraux.

M. Jules Bois veut pour la femme l'éligibilité avant l'électorat : « Si vous leur donnez l'électorat tout d'abord, dit-il, elles n'en useront pas ou elles en useront mal. Actuellement seuls les hommes seraient capables de bien choisir une femme comme députée ». Le Congrès n'a pas accepté cette manière de voir. Il nous semble personnellement que si l'on donne l'électorat et l'éligibilité aux femmes, les femmes doivent voter exclusivement pour des femmes et réciproquement, ne serait-ce que pour ne point vicier les choix par l'introduction d'un élément sexuel.

C'est Mlle Bonnevial qui a réclamé l'admission des femmes aux jurys criminels et M. Gerbaut aux jurys correctionnels... quand ils seront créés. Le droit de juger que réclament les femmes leur sera encore bien longtemps contesté au nom de leur sensibilité trop délicate, de leur spontanéité de décision qui trop souvent exclue la réflexion.

Mme Vincent s'est occupée des Chambres d'agriculture ; elle a demandé l'électorat des femmes dans ce domaine. Reçue par la commission chargée d'examiner le projet de loi, elle l'a convaincue de l'opportunité de cet amendement. Le projet actuel accorde l'électorat aux femmes chefs d'exploitation seulement. Le Congrès émet le vœu que

(1) Cf. *Revue Féministe*, 1896. Tome II, page 280.
(2) Cf. *Revue Féministe*, 1896. Tome II, page 120.

ces droits soient étendus à toutes les femmes s'occupant d'agriculture.

Le Congrès s'est donc prononcé en faveur des droits politiques de la femme, partout où il y a des fonctions électives. Il a admis que l'électorat et l'éligibilité devaient être accordés ensemble.

Conclusions. — Le Congrès féministe a donc agité beaucoup d'idées, beaucoup trop peut-être; les vœux qu'il a émis étaient parfois contradictoires, d'autres fois ridicules, comme celui où il a décrété la non existence de la *métaphysique*. Peut-être le féminisme qui s'en dégage ne forme-t-il pas un tout parfaitement coordonné, mais tel quel il offre encore un intéressant sujet d'études. Ce que le Congrès a voulu être, c'est un Parlement mixte, et il nous a donné assez nettement peut-être l'image anticipée d'un de ces Sénats de l'avenir, tel que le rêvent du moins quelques féministes.

Espérons qu'alors l'éducation plus rationnelle de la femme permettra de réaliser quelque chose de plus parfait.

Beaugency. Imp. J. Laffray.

4ᵉ Année.   Nᵒˢ 8-9.   Août-Septembre 1896.

REVUE INTERNATIONALE

DE

SOCIOLOGIE

PUBLIÉE TOUS LES MOIS, SOUS LA DIRECTION DE

RENÉ WORMS

Secrétaire-Général de l'Institut International de Sociologie

AVEC LA COLLABORATION ET LE CONCOURS DE

MM. Ch. Andler, Paris. — A. Asturaro, Gênes. — A. Babeau, Troyes. — M. E. Ballesteros, Santiago. — P. Beauregard, Paris. — R. Bérenger, Paris. — M. Bernès, Montpellier. — J. Bertillon, Paris. — A. Bertrand, Lyon. — L. Brentano, Munich. — Ad. Buylla, Oviedo. — Ed. Chavannes, Paris. — E. Cheysson, Paris. — J. Dallemagne, Bruxelles. — C. Dobrogeano, Bucarest. — P. Dorado, Salamanque. — M. Dufourmantelle, Paris. — L. Duguit, Bordeaux. — P. Duproix, Genève. — A. Espinas, Paris. — Fernand Faure, Paris. — Enrico Ferri, Rome. — G. Fiamingo, Rome. — A. Fouillée, Paris. — A. Giard, Paris. — Ch. Gide, Montpellier. — P. Guiraud, Paris. — Louis Gumplowicz, Graz. — M. Kovalewsky, Moscou. — F. Larnaude, Paris. — Ch. Letourneau, Paris. — E. Levasseur, Paris. — P. de Lilienfeld, Saint-Pétersbourg. — A. Loria, Padoue. — J. Loutchinsky, Kiew. — John Lubbock, Londres. — J. Mandello, Budapest. — L. Manouvrier, Paris. — P. du Maroussem, Paris. — T. Masaryk, Prague. — Carl Menger, Vienne. — G. Monod, Paris. — F. S. Nitti, Naples. — J. Novicow, Odessa. — Ed. Perrier, Paris. — Ch. Pfister, Nancy. — Ad. Posada, Oviedo. — O. Pyffcroen, Gand. — A. Raffalovich, Paris. — E. van der Rest, Bruxelles. — M. Revon, Tokio. — Th. Ribot, Paris. — Ch. Richet, Paris. — V. Rossel, Berne. — Th. Rousnel, Paris. — H. Saint-Marc, Bordeaux. — A. Schœffle, Stuttgart. — F. Schrader, Paris. — G. Simmel, Berlin. — C. N. Starcke, Copenhague. — G. Tarde, Paris. — J.-J. Tavares de Medeiros, Lisbonne. — A. Tratchewsky, Saint-Pétersbourg. — E. B. Tylor, Oxford. — I. Vanni, Bologne. — J. M. Vincent, Baltimore. — P. Vinogradow, Moscou. — R. dalla Volta, Florence. — E. Westermarck, Helsingfors. — Emile Worms, Rennes. — L. Wuarin, Genève.

Secrétaires de la Rédaction : Ed. Herriot. — Al. Lambert. — Fr. de Zeltner.

Abonnement annuel : France, 18 fr. — Étranger, 20 fr.

PARIS

V. GIARD & E. BRIÈRE, Éditeurs

16, RUE SOUFFLOT, 16

1896

LIBRAIRES CORRESPONDANTS :

BENDA (B.),	à Lausanne.	LOESCHER & Cᵉ,	à Rome.
BROCKHAUS (F. A.),	à Leipzig.	MAYOLEZ (O.) & J. AUDIARTE,	à Bruxelles
FRIKKMA CAARELSEN & Cᵉ,	à Amsterdam.	NUTT (DAVID),	à Londres.
FÉRIN & Cᵉ,	à Lisbonne.	SAMSON & WALLIN,	à Stockholm
GEROLD & Cᵉ,	à Vienne.	STAPELMOHR (H.),	à Genève.
HAIMANN (Io.),	à Bucarest.	STECHERT (G. E.),	à New-York
KILIAN's (F.),	à Budapest.	VAN FLETEREN (P.),	à Gand.
KRAMMER & FILS.	à Rotterdam.	VAN STOCKUM & FILS,	à La Haye

V. GIARD & E. BRIÈRE, ÉDITEURS, 16, RUE SOUFFLOT, PARIS.

BIBLIOTHÈQUE
SOCIOLOGIQUE INTERNATIONALE

PUBLIÉE SOUS LA DIRECTION DE

RENÉ WORMS
Secrétaire-Général de l'Institut International de Sociologie.

Cette collection se compose de volumes in-8°, reliure souple.

Ont paru :

RENÉ WORMS : *Organisme et Société*. Un vol. in-8°, de 410 pages. 8 fr.

PAUL DE LILIENFELD, vice-président de l'Institut International de Sociologie : *La Pathologie sociale*. Un vol. in-8°, de 330 pages. 8 fr.

FRANCESCO S. NITTI, professeur à l'Université de Naples, membre de l'Institut International de Sociologie : *La Population et le Système social*, édition française (*achevé d'imprimer*) 7 fr.

ADOLFO POSADA, professeur à l'Université d'Oviedo, membre de l'Institut International de Sociologie : *Théories modernes sur l'origine de la Famille, de la Société et de l'État*, ouvrage traduit de l'espagnol, avec l'autorisation de l'auteur, par FR. DE ZELTNER (*sous presse*). 6 fr.

SIGISMOND BALICKI, associé de l'Institut International de Sociologie : *L'État comme organisation coercitive de la Société Politique*. 6 fr.

Paraîtront successivement :

JACQUES NOVICOW, membre et ancien vice-président de l'Institut International de Sociologie : *Conscience et Volonté sociales*.

LOUIS GUMPLOWICZ, professeur à l'Université de Graz, membre et ancien vice-président de l'Institut International de Sociologie : *Sociologie et Politique*, édition française.

MAXIME KOVALEWSKY, ancien professeur à l'Université de Moscou, membre et ancien vice-président de l'Institut International de Sociologie : *Les Questions sociales au Moyen-Age*.

JULES MANDELLO, chargé de cours à l'Université de Budapest, membre de l'Institut International de Sociologie : *Essai sur la méthode des Recherches sociologiques*.

MAURICE VIGNES, docteur en droit : *La Science sociale d'après Le Play et ses continuateurs*.

FRANKLIN H. GIDDINGS, professeur à l'Université de New-York, membre de l'Institut International de Sociologie : *Principes de Sociologie*.

Les volumes de la collection pourront aussi être achetés brochés avec une diminution de 2 francs.

Beaugency. Imp. J. Laffray.

www.ingramcontent.com/pod-product-compliance
Lightning Source LLC
Chambersburg PA
CBHW060719280326
41933CB00012B/2486